Jürgen Richter • Ernst-Otto Luthardt

MALLORCA

FLECHSIG

Jürgen Richter • Ernst-Otto Luthardt

MALLORCA

Inhalt

Erste Seite:
Schmückt auf Mallorca allerorten die Hauswände, wie hier in Pollença: das „Wunderblumengewächs" Bougainvillea.

Seite 6/7:
Wie der Name verrät, ist die Cala Portals Vells (Dreifingerbucht) dreigegliedert. Badegäste und Schnorchler kommen hier ebenso auf ihre Kosten wie Freizeitkapitäne – die windgeschützte Bucht ist ein beliebter Ankerplatz.

Seite 8/9:
Abendlicher Blick über die weitläufige Bucht und den Hafen auf Palma mit der Kathedrale als Blickfang. Die Hauptstadt Mallorcas und der Balearen zählt rund 330 000 Einwohner.

Seite 12/13:
Der ein paar Kilometer nördlich von Pollença gelegene kleine Ferienort Cala Sant Vincenç wird von gleich zwei Bergen gerahmt: der Serra de Sant Vincenç im Westen und der Serra de Cavall Bernat im Osten.

Seite 14/15:
Blick auf das nächtliche Valldemossa mit der berühmten Kartause. Die vielen Besucher, die Tag für Tag hierher finden, sind längst verschwunden, die rund 1500 Einheimischen und 300 Residenten wieder unter sich.

Mallorca – die Ferieninsel mit den vielen Gesichtern

Wie es sich für ein so weit im Süden unseres Kontinents gelegenes und ringsum von Wasser umgebenes Stück Land – die Küstenlinie der Insel ist etwa 550 Kilometer lang – geziemt, sind dessen größte Attraktion die Badeplätze, von denen es rund 180 offizielle gibt. Wer auf lange, flache Sandstrände („Platjas") steht, ist in den Buchten von Palma und Alcúdia gut aufgehoben. Andererseits gibt es dort, wo viel Platz ist, auch viele Menschen. Doch die Alternative, das Baden in den vorzüglich im Südosten zu findenden tiefeingeschnittenen kleinen Buchten („Calas"), bedeutet nicht automatisch, dass man dort allein ist. Nur wer auf den Sand verzichtet und sich auch von den Kieseln unter den Füßen nicht abschrecken lässt, kann einigermaßen Hoffnung hegen, dass es ihm darin nicht allzu viele nachtun. Gelegenheit dazu gibt es unter anderem im nordwestlichen Teil der Insel, wo die Berge abrupt zum Meer abfallen, die Küste steil und steinig ist.

Nachdem sich hier lange Zeit fast alles um die Strände gedreht hat, präsentiert sich die Insel nicht mehr nur als Riesen-Sandkasten, Super-Badewanne und Mega-Discoland, sondern als vielfältiges Ferienziel mit faszinierender Natur und bemerkenswerter Kunst und Kultur. Kurz: Sie bietet die verschiedensten Urlaubsmöglichkeiten. Und die Verantwortlichen setzen nicht mehr allein auf Masse.

P. S.: Um Mallorca per pedes oder mit dem Fahrrad zu erkunden, ist der Frühling, der dort schon viel früher als bei uns beginnt, ideal. Wenn die Mandelbäume ihre Blüten öffnen, zeigt die Insel stolz weiß-rosa Flagge.

Zeit-Rechnungen

Dass die Menschheit seit ihrem Bestehen einen nicht geringen Teil ihrer Energie dafür verwendet, sich zu bekriegen, gehört leider zum ernüchternden Bild unserer Gattung. Als Mitte des 7. Jahrhunderts vor Christi Geburt die kriegs-

Linke Seite:
Blau das Meer und der Himmel, grün die Bäume, grau der Fels, braun die darauf gesetzten Mauern, weiß die Häuser – eine Bilderbuch-Idylle. Die Cala Gat ist von Cala Ratjada aus gut zu Fuß zu erreichen.

Vom Aussichtsfelsen Penya Rotja – der Wanderweg beginnt in Alcúdia und ist rund 15 Kilometer lang – bietet sich ein herrlicher Blick auf das Cap de Pinar, den äußersten Punkt der Halbinsel La Victoria.

PALMA

erprobten Karthager in Mallorca anlandeten, staunten sie nicht schlecht, dass sie hier – was ihr ureigenstes Metier betraf – noch etwas dazulernen konnten. Die Einheimischen verstanden sich nämlich perfekt darauf, mittels eines geschleuderten Steines zu zerstören oder zu töten. Kein Wunder, dass sich diese außergewöhnliche Fertigkeit schnell herumsprach. Sie imponierte so sehr, dass das griechische Wort „ballein“ (werfen) = Balearen zur Benennung der gesamten Inselgruppe herhalten musste. Und der Hauptstadt Palma waren die Steinschleuderer sogar ein eigenes Denkmal wert.

Den Karthagern folgten die Römer und Mallorcas erste Blütezeit. Es wurden Städte (Pollentia und Palma) und Straßen gebaut, und die Einheimischen lernten das Öl und den Wein schätzen. So geschehen ab 123 vor unserer Zeit bis zur Mitte des 5. Jahrhunderts, als das abgewirtschaftete Imperium auseinanderbrach.

Die Vandalen, die etwa um 455 übersetzten, ließen – auch das war und ist nichts Neues in der Geschichte – vom römischen Nachlass kaum einen Stein auf dem anderen.

902/903, nach rund 350-jähriger Zugehörigkeit zum Oströmischen Reich (Byzanz), geriet Mallorca an die Mauren – und profitierte nicht schlecht davon. Die Städte wuchsen und erblühten (Moscheen, Bäder, Bibliotheken), die Landwirtschaft erhielt neue Pflanzen (Baumwolle, Reis, Zitrusfrüchte) und Methoden (Bewässerung).

Auch wenn die Christen nach der Rückeroberung Mallorcas (1229) mit dem maurischen Erbe keinen Deut besser umgingen als vorher die Vandalen mit dem römischen, setzte sich der Aufschwung zunächst fort. Doch bereits unter aragónischer (ab 1349) und unter kastilischer Herrschaft (ab 1469) erst recht gehörten die guten Zeiten endgültig der Vergangenheit an.

Gut zu wissen

Mallorca ist 3640 Quadratkilometer groß. Damit lässt es Ibiza, Formentera und Menorca sowie erst recht die eben-

Linke Seite:
Die – nach dem auf Mallorca geborenen Baumeister und Bildhauer Guillem Sagrera (1397–1454) benannte – Passeig de Sagrera in Palma steht nicht nur für die viel befahrene Hauptstraße, sondern auch für eine schöne Promenade.

Das aus dem 10. Jahrhundert datierende Arabische Bad in Palma ist das einzige komplett erhaltene Gebäude aus maurischer Zeit, das in der mallorquinischen Hauptstadt erhalten geblieben ist. Die Kuppel wird von zwölf schlanken Säulen getragen.

falls zu den Balearen gehörenden zahlreichen Mini-Inseln weit hinter sich. Aus der Luft kann man mit ein wenig Fantasie ein Trapez erkennen. Dass dieses etwas verschoben wirkt, hat in der Regel – dies zur allgemeinen Beruhigung – nichts mit dem Flieger zu tun, sondern liegt in der Natur der Sache.

Den vertikalen Rahmen für derlei Insel-Geometrie bilden zwei Gebirgszüge, die freilich ganz unterschiedlich hoch hinaus wollen. Während die Serra de Llevant im Osten gerade einmal auf maximal 561 Meter kommt, darf sich die westlich gelegene Serra de Tramuntana gleich mehrerer Tausender rühmen. Der höchste Gipfel der Insel ist der Puig Major. Er misst 1445 Meter.

Beide Gebirgszüge nehmen die Es Plà genannte Ebene in die Zange. Genauer gesagt: Zumindest die Tramuntana beengt sie nicht nur, sondern schützt sie auch. Nämlich vor den kühlen winterlichen Winden aus dem Norden. Gegen die Sonne kann sie allerdings nichts ausrichten. So wähnt man sich hier, im Inneren der Insel, manchmal in einem Glutofen.

Auch wenn für die Errichtung der Stadt in erster Linie deren Lage am Meer entscheidend gewesen ist, haben es die Bewohner von Palma, dem administrativen, wirtschaftlichen und kulturellen Zentrum der Insel sowie der gesamten Balearen, auch klimatisch viel besser als die Bauern in der Ebene. Immerhin leben in der Metropole und deren Vororten rund 330 000 Menschen – also fast die Hälfte der gesamten Inselbevölkerung. Über deren genaue Zahl ist man sich übrigens nicht so recht einig. Die Angaben schwanken zwischen 740 000 und 800 000.

Seit 1983 besitzen die Balearen den Status eines teilautonomen Gebietes. Nachdem die eigentliche Sprache, das Katalanische, lange Zeit unterdrückt und zum Teil auch verboten war, fungiert sie heute, neben dem Spanischen (Kastilischen), als zweite Amtssprache. Das heißt, die Leute sprechen, wo es nur immer geht, Mallorquinisch, einen Dialekt des Katalanischen. Und erst wenn es nicht mehr geht, sprich: wenn das Ganze von einer Frage der nationalen Identität zum internationalen Problem zu werden droht und zudem das Sakrileg der Gastfreundschaft berührt, gibt es ein Einlenken.

Linke Seite:
Nachdem viele Windräder auf der Insel durch leistungsfähigere Motorpumpen ersetzt wurden, war die Gefahr des Verfalls groß. Doch inzwischen hat man erkannt, dass sie allein als Blickfang erhaltenswert sind.

Folkloredarbietung in Valldemossa. Und zwar im Anwesen des Künstlers Joseph Coll Bardolet, der besonders gern Volkstänze gemalt hat. Das einer Stiftung gehörende Gebäude wird museal genutzt.

So zum Beispiel im Falle jenes Touristen, der – ziemlich echauffiert über die nahezu ausschließliche Beschränkung der deutschen Sprache auf die Urlaubszentren – einem Bäuerlein, das ihm den Weg auf Mallorquinisch erklärt hatte, ein spanisches Wörterbuch unter die Nase hielt, um ihm damit klar zu machen, dass es sich doch bitte, wenn schon nicht in Deutsch, in einer Weltsprache ausdrücken möge.

„... und aßen gebrannte Mandeln"

Der Showdown beginnt Ende Januar. Dann streifen nämlich die rund sechs Millionen Mandelbäume ihre zart-weißen oder hell-rosanen Blütenkleider über. Zu ihrem bezaubernden Anblick kommt noch der betörende Duft, den sie verströmen. Da die Mallorquiner dieser zur großen Familie der Rosengewächse gehörenden Steinfrucht, schon lange bevor die Touristen kamen, einen gewissen Wohlstand verdanken, wundert es nicht, dass fast alle ihre Märchen mit den Worten „... und sie setzten sich hin und aßen gebrannte Mandeln" enden.

Das Mitbringsel der Mauren, das bei der Ernte im Spätsommer nicht gepflückt, sondern mit Stangen von den Ästen geschlagen wird und dessen Schalen auch zum Heizen dienen, brauchte nicht lange, um die mallorquinische Küche zu erobern. Inzwischen kommt es sowohl im Alltag als auch bei Festen zu Ehren: als Sauce zu Fischgerichten, als Mandeleis und -sorbet, Mandelplätzchen, -kuchen und -milch. Während der zum Jahreswechsel bereitete Hühnertopf unbedingt zerstoßener Mandeln bedarf, ist es beim Weihnachtstruthahn die Füllung aus Marzipan.

Die Blausäure enthaltenden Bittermandeln indes werden in erster Linie für die Parfüm- und Arzneimittelherstellung gebraucht. Ihr Gift ist so stark, dass bereits der Verzehr einer Handvoll roher Früchte jede weitere Erprobung erübrigt.

Reiselust

Nach wie vor fließen die Touristenströme während der Ferien in Deutschland,

Linke Seite:
Der Blick von der Säulenloggia des im Auftrag des österreichischen Erzherzogs Ludwig Salvator erbauten Herrensitzes Son Marroig auf die Küste und auf das Meer zählt zu den meistfotografierten Motiven auf Mallorca und darf in keinem Urlaubsalbum fehlen.

Ende Januar, Anfang Februar blühen Millionen von Mandelbäumen. Das weiß-rosa Blütenmeer lockt vor allem Wanderer auf die Insel, die die Ruhe vor dem sommerlichen Ansturm zu schätzen wissen.

Großbritannien, Frankreich und Skandinavien am stärksten. Und das wird sich sicher auch nicht ändern. Darüber hinaus hat sich aber herumgesprochen, dass die schöne Meeresgeborene – Mallorca ist Teil der im Tertiär entstandenen Andalusischen Gebirgskette – das ganze Jahr über einen Besuch lohnt. Das heißt, auch das Wetter ist ihr beziehungsweise den Besuchern zu Diensten. Es gibt sich im Sommer heiß und trocken und im Winter mild und feucht. An die 300 Sonnentage sind garantiert. Um hier noch Anfang November ins Wasser zu gehen, muss man keineswegs besonders mutig sein. Und wenn man Glück hat, kehrt Mitte Dezember mit dem „Kleinen Sommer" die Wärme noch einmal für ein paar Tage zurück.

Auf dass keiner dem Irrglauben verfällt, hier würde nur die Sonne scheinen – schüttet es manchmal schon Ende August, Anfang September von oben herunter, als wäre die Sintflut nahe. Doch der Regen verzieht sich ebenso schnell wie er erschienen ist, und auch die Temperaturen steigen rasch wieder an – als wäre nichts gewesen.

Zurück kommen die Niederschläge erst im „richtigen" Winter wieder. Dann handelt es sich auch um keine Fata Morgana, wenn sich über Nacht die höchsten Gipfel der Serra de Tramuntana ein weißes Kleid überstreifen. Auf alle Fälle braucht man auf der Sonneninsel zu bestimmten Zeiten eine Heizung im Zimmer.

Da die Zahl der Mallorca-Fans in die Millionen geht, ist es keine sonderliche Überraschung, dort auf seinen Nachbarn zu treffen oder sogar auf einen Schulfreund, den man aus den Augen verloren hatte. Grund genug jedenfalls, um darauf anzustoßen. Noch mehr Freude würde vielleicht der Anblick eines solchen Menschen bereiten, den man vom Fernseher oder aus der Zeitung kennt. Weiß man doch, dass nicht wenige Prominente hier eine Residenz besitzen und einige sich ab und an auch unters Volk zu mischen pflegen. Unabhängig davon, was man von dem einen oder anderen hält, ist deren Anwesenheit immerhin Beweis genug, dass die Entscheidung, auf Mallorca seinen Urlaub zu verbringen, nicht ganz falsch gewesen sein kann.

Linke Seite:
Porto Colom, der Hafen von Felanitx, wurde bereits vor 800 Jahren erwähnt. Früher verschiffte man von hier aus vor allem einheimischen Wein. Heute wird dieser in der Regel auf der Insel selbst getrunken.

Links:
Die schon im Mittelalter bekannten Coves del Drac entpuppten sich bei ihrer wissenschaftlichen Erkundung Ende des 19. Jahrhunderts als ein regelrechtes Labyrinth. Den Besuchern entdecken sich nicht nur bizarre Tropfsteingebilde, sondern auch ein See.

Seite 26/27:
In einer geschützten Bucht gelegen, in der sowohl Freizeitkapitäne als auch Ausflugsschiffe Anker werfen, hat sich Port de Sóller längst vom Hauptort abgenabelt und demonstriert stolz seine Eigenständigkeit.

Seite 28/29:
Spiegelungen. Der Torrent de Pareis zählt zum Beeindruckendsten, was die Natur auf Mallorca zu bieten hat. Die gewaltige Erosionsschlucht beginnt beziehungsweise endet direkt am Meer.

Besuch bei einer alten Dame – Palma

Nachdem das am Rande des spanischen Reiches gelegene Mallorca in einem Jahrhunderte langen Dornröschenschlaf gelegen hatte, erwachte Mitte des 19. Jahrhunderts mit den ersten Sommerurlaubern das touristische Interesse. 1901 eröffnete in Palma, den Ansprüchen der noblen internationalen Gäste Rechnung tragend, das Gran Hotel seine Pforten. Danach sollte es allerdings noch einmal ein halbes Jahrhundert dauern, bis die Eröffnung des Flughafens (1956) eine neue Ära in der Geschichte der Insel einleitete, die durch das – Massentourismus genannte – Phänomen kollektiver Urlaubsfreuden gekennzeichnet ist und die Geister sowohl der Gäste als auch der Einheimischen scheidet. Stellen sich doch immer mehr die besorgte Frage, ob die Erde der Insel wohl reichen wird für den vielen Beton. Mit der Horrorvision, dass die Hotelburgen in mehr oder minder naher Zukunft zum Skelett einer verdursteten Landschaft mutieren.

Trotz der geradezu explodierenden Einwohnerzahl und der immer innigeren Umarmung durch die großen Urlaubersiedlungen konnte sich Palma, die Hauptstadt der Balearen, nicht nur ihre Identität, sondern auch die Ausstrahlung einer großen alten Dame von Welt bewahren. Sprich: Die Stadt spottet ihrem Alter und zeigt sich für immer jung. So sprudeln die romantischen Straßen und Plätze vor Leben. Bei so viel Ausgelassenheit erscheint selbst das Mittelalter – mit der alles überragenden Kathedrale oder dem Kreuzgang von Sant Francesc – in einem ausgesprochen heiteren Licht.

Gott zu Gefallen

Auch wenn es hier schon rund 1300 Jahre vor unserer Zeit eine Siedlung der Talayot-Kultur gegeben haben soll, gelten die Römer als die eigentlichen Gründer

Linke Seite:
Bedeutendstes Bauwerk auf Mallorca ist die Kathedrale La Seu in Palma. Obwohl deren Grundsteinlegung bereits 1229, also unmittelbar nach der christlichen Rückeroberung der Insel erfolgte, zogen sich die Bauarbeiten bis zum Anfang des 17. Jahrhunderts hin. Der benachbarte Almudaina-Palast ging aus einer arabischen Festung hervor.

Spezialität der 1936 im Herzen von Palma eröffneten legendären Bar „Bosch" sind die „Langostas" – mit Sobrasada-Wurst und Tomaten belegtes und mit Olivenöl gewürztes geröstetes Brot.

Palmas. So geschehen gleich nach der Eroberung der Insel im Jahre 123 v. Chr. durch Quintus Caecilius Metellus. Das älteste erhaltene architektonische Erbe geht auf die Mauren zurück. Während sich deren Bäder im Carrer Can Serra den Umständen entsprechend – die Christen ließen damals kaum einen Stein auf dem anderen – erhalten haben, wurde der Sitz des Emirs, der Almudaina-Palast, inzwischen so oft umgebaut, dass das ursprüngliche Gebäude nicht mehr zu erkennen ist. Ebenso verhält es sich mit der maurischen Stadtmauer, von der ein einziger Torbogen überdauert hat.

Das historische Palma gliedert sich in drei Teile. La Portella, der älteste, wird von der Kathedrale La Seu überragt, deren Grundstein im Jahre 1229, also unmittelbar nach der Rückeroberung der Insel, gelegt wurde. Und zwar an jenem Platz, wo sich die Hauptmoschee befand. Im Bestreben, möglichst groß und prächtig zu bauen, wurden die Finanzen unter- und die eigenen Möglichkeiten überschätzt. So kam man erst zu Beginn des 17. Jahrhunderts halbwegs zu einem Ende. Und bis zum Abschluss der Arbeiten an den Türmen dauerte es nochmals vierhundert Jahre. Nichtsdestotrotz hat sich der Aufwand gelohnt. Mit einer Länge von rund 120, einer Breite von 40 und einer Höhe von über 45 Metern zählt La Seu zu den größten gotischen Gotteshäusern überhaupt. Und zu den schönsten. Und wenn sie sich in ihrer nächtlichen Illuminierung im Spiegel des Meeres betrachtet, haben auch diejenigen, die ihr dabei zuschauen, ihre Freude.

An- und Aussichten

Aufwändig gebaut haben die Palmeros jedoch nicht nur für den Herrgott, sondern auch für sich selbst. So reiht sich im Schatten der Kathedrale praktisch ein Adelspalast an den anderen. Die Gebäude aus goldgelbem Sandstein umschließen nicht minder prächtige Patios. Der Öffentlichkeit zugänglich sind freilich nur jene, die als Museum und Ausstellungszentren (Casal Solleric, Ca'n Marquès, Ca'n Sureda) dienen.

Gegenstück dieser eher strengen Fassaden sind jene viel Make-up tragenden Haus-Gesichter aus der Zeit des Modernisme. Palmerisches Glanzlicht dieser katalanischen Variante des Jugendstils ist das ehemalige Gran Hotel an der Plaça Weyler. Andere – so die Edifici Casasayas an der Plaça del Mercat oder die benachbarten Can Rei und L'Aguila an der Plaça Marquése de Palmer – leuchten jedoch kaum weniger hell.

Der beste Blick über die Stadt bietet sich von den Mauern des Castell de Bellver aus. Die aus dem Beginn des 13. Jahrhunderts datierende Festung bringt Romanik und Gotik zusammen. Eigentlich als königliche Herberge geplant, hatte sie im Verlauf ihrer langen Geschichte vor allem als Gefängnis zu dienen. Heute gilt sie als einer der besterhaltensten und sehenswertesten mittelalterlichen Wehrbauten im Mittelmeerraum.

Linke Seite:
Das auf einem Hügel über Palma gelegene Castell de Bellver wurde von König Jaume I. begonnen und 1309 von seinem Sohn Jaume II. vollendet. Ursprünglich als Residenz geplant, diente es im Laufe der Jahrhunderte vor allem als Gefängnis.

Links:
Wie der Name verrät, findet sich die Bäckerei „Forn d'es Teatre" in der Nähe des Teatre Principal in Palma. Obwohl es hier auch noch andere süße Versuchungen gibt, sollte man unbedingt die – „Ensaïmadas" genannten – spanischen Hefeschnecken probieren.

Seite 34/35:
Die Kathedrale La Seu wurde, an Stelle der ehemaligen Hauptmoschee, aus hellem, golden schimmerndem Sandstein errichtet. Mit einer Grundfläche von insgesamt 6000 Quadratmetern gehört sie zu den größten gotischen Bauwerken überhaupt.

Auf der linken Seite der Almudaina-Palast, hier die Kathedrale La Seu mit ihrer besonders reich gegliederten Südfassade, deren Strebepfeiler und Bögen schon von weitem ins Auge fallen.

Linke Seite:
Der insgesamt 120 Meter lange, 40 Meter breite und bis zu 45 Meter hohe dreischiffige Kirchenraum der Kathedrale La Seu gipfelt in einen nicht minder monumentalen Chor. Die Fensterrosette aus dem 14. Jahrhundert hat einen Durchmesser von zwölfeinhalb Metern.

Blick über den Hafen und den Meerespark auf die Inselhauptstadt, die von der Kathedrale La Seu dominiert wird. George Sand zeigte sich besonders von der „schönen Bernsteinfarbe" des Gotteshauses beeindruckt.

Linke Seite:
Der unterhalb des Almudaina-Palastes gelegene S'Hort del Rei gilt als der schönste Park Palmas. Der „Garten des Königs" ist nicht nur mit mediterranen Bäumen und Sträuchern, sondern auch mit Bildwerken geschmückt.

Ganz links:
Im „Garten des Königs" gibt es auch eine Plastik von Joan Miró zu bewundern. Der große katalanische Maler, Bildhauer und Keramiker lebte von 1956 bis zu seinem Tod 1983 in Palma.

Links:
Welch prächtiges Gehäuse für nüchterne Geschäfte! Die mit Zinnen und Ecktürmen geschmückte ehemalige Börse (La Llotja) in Palma wurde in der ersten Hälfte des 15. Jahrhunderts von dem berühmten Architekten Guillem Sagrera errichtet.

An der Plaça de la Reina.
Der nur wenige Meter von der Kathedrale La Seu entfernt gelegene Platz, eine von vielen grünen Oasen in Palmas Altstadt, ist ein beliebter Treffpunkt.

Rechte Seite:
Mittelpunkt und Herz der Fußgängerzone von Palma ist die Plaça Major mit ihren Geschäften und Restaurants. Hier findet auch regelmäßig ein Kunsthandwerksmarkt statt.

J. Trigo
48OPTIONS

Das im Jahre 1929 seiner Bestimmung übergebene, fast 12 000 Zuschauer fassende „Colliseu Balear“ wird nur noch selten für Stierkämpfe, dafür immer häufiger für Sport-, Konzert- und Showveranstaltungen genutzt.

ESTE

Das prächtige Gebäude „Can Rei" wurde 1908/1909 errichtet. Das über und über mit farbigen Mosaiken geschmückte Gebäude an der Plaça Marqués de Palmer gehört zu den schönsten Zeugnissen des „Modernisme" – so die Bezeichnung für die katalanische Variante des Jugendstils – in Palma.

Rechte Seite:
„Edifici Casasayas" an der Plaça del Mercat. Die beiden Gebäude mit der üppigen Modernisme-Fassade verraten den Einfluss Gaudis, wurden jedoch nicht von ihm, sondern von seinem Kollegen Francesco Roca errichtet.

"SA NOSTRA"
CAIXA DE BALEARS
COCINA

Linke Seite:
„La Ciutat" – „die Stadt", wie Palma von seinen Bewohnern genannt wird, wechselt mit den Zeiten des Tages ihr Gesicht. In den späten Abendstunden, wenn nicht mehr so viele Leute unterwegs sind, kann man mit den Gebäuden ungestört Zwiesprache halten.

Süße Verführungen noch und nöcher – sprich: feine Pralinen – erwarten die Kunden in diesem schon vom Aussehen verlockenden Geschäft in der Altstadt von Palma.

CHARCUTERIA LA PAJARITA BOMBONERIA
LA PAJARITA
1872
Fruites Confitades

In der Altstadt von Palma. Auch wenn es einem am Anfang gar nicht nach Kaufen ist, verabschiedet man sich oft schon mit dem Blick ins Schaufenster – egal, ob es sich um eine Metzgerei, einen Süßwarenladen oder ein anderes Geschäft handelt – von allen Vorsätzen.

Die Spezialitätenbäckerei „Forn del Sant Christo" in Palma ist vor allem für ihre Ensaïmadas bekannt. Sie brachten ihr schon 1912 eine Goldmedaille ein.

Rechte Seite:
Miquel Pujol hat die bereits 500 Jahre alte Bäckerei von seinem Vater übernommen. So wie dieser übt auch er sein Handwerk mit Leib und Seele aus. Besonders stolz ist er, wie kann es hierzulande anders sein, auf seine Ensaïmadas.

Coca-Cola
CHOCOLATE
CA'N MIQUEL
ENSAIMADES MALLORQUINES
FORN DE SA PELLETERIA
FORN
CA'N MIQUEL
PA i

Im Feinkostgeschäft „Colmado Santo Domingo“ in Palma hängen die Schinken und Würste so eng nebeneinander, sind so viele Köstlichkeiten aufgestapelt, dass für den Verkäufer kaum noch Platz bleibt. Den Kunden indes kann die Vielfalt nur recht sein.

In den Markthallen von Palma (Mercat de L'Olivar) sieht, riecht und schmeckt man, dass Olive nicht Olive und jene Früchte, die man mitunter bei uns zu Hause angeboten bekommt, geradezu eine Beleidigung für den Ölbaum sind.

Rechts:
Um Palma wirklich kennen zu lernen, bedarf es des Blickes hinter die Fassaden. Die alten Stadtpaläste, äußerlich wehrhaft und abweisend, verbergen oft schöne Innenhöfe nach maurischem Vorbild.

Rechte Seite:
Blickfang in Marmor: Die Eingangshalle des Hotels „Born" in Palma. Der im Herzen der Altstadt gelegene Palast aus dem 16./18. Jahrhundert kann sich eines besonderen Flairs rühmen.

Seite 58/59:
Die bekannte Cafeteria „Ca'n Joan de S'Aigo" gibt es schon seit dreihundert Jahren. Hier wird nicht nur dem Gaumen, sondern auch dem Auge geschmeichelt.

PASTELERIA Y HELADOS
PARA SERVIR Y LLEVAR
EXIJA SU TICKET

PASTELERIA Y HELADOS
PARA SERVIR Y LLEVAR
EXIJA SU TICKET
Diploma

Für diejenigen, die es sich leisten können und wollen, ist die Cocktailbar „Abacanto“ in einem am Rande von Palma gelegenen mondänen Landsitz ein Muss, anderen Sinnbild der Dekadenz.

Rechte Seite:
Die Bar „Varadero“ an der Alten Mole gilt als eines der bekanntesten Szene-Lokale in Palma. Geöffnet von neun Uhr morgens bis in die Puppen: sprich: bis drei Uhr in der Nacht. Den Panorama-Blick auf die Altstadt und das Meer gibt’s kostenlos dazu.

Linke Seite:
Ein Ort der Stille und Kontemplation: Der im 15. Jahrhundert vollendete spätgotische Kreuzgang des Klosters Sant Francesc in Palma. 115 spitzbogige Säulen umschließen den trapezförmigen Innenraum.

Ganz links:
Blick auf den Turm der Kirche Santa Eulàlia. Mit dem Bau des in unmittelbarer Nachbarschaft des Franziskanerklosters gelegenen dreischiffigen Gotteshauses wurde kurz nach der Rückeroberung der Insel von den Mauren begonnen.

Links:
Der Chor der Basilika Sant Francesc wird vom barocken Hochaltar dominiert, hinter dem sich das aus Alabaster gefertigte Grabmal des großen Philosophen und Gelehrten Ramon Llull (1232–1316) verbirgt.

Linke Seite:
Die West-(Haupt-)fassade der Kirche Sant Francesc mit der wunderschönen großen Fensterrosette über dem Portal erhielt erst im 17. Jahrhundert ihr heutiges Aussehen.

Mit dem Bau von Santa Creu, einer der ersten vier Stadtkirchen von Palma, wurde im 14. Jahrhundert begonnen. Von diesem ursprünglichen Gotteshaus haben allerdings nur eine Kapelle und der Glockenturm überdauert.

CONSELL INSULAR
DE MALLORCA
CENTRE CULTURAL

Wie auf dem spanischen Festland gipfelt auch in Palma die Karwoche in großen Prozessionen. Die Mitglieder der Kapuzen-Bruderschaften ziehen – als Zeichen ihrer Bereitschaft zur Buße und zur Wahrung ihrer Anonymität – vermummt durch die Straßen. Gegenüber den mitgeführten riesigen Aufbauten mit Heiligenfiguren („pasos“) erscheint die Kreuzeslast Jesu gering. So bedarf es denn auch einer perfekten Regie bei der Ablösung der Träger, um den Umzug nicht ins Stocken geraten zu lassen.

In Erinnerung an die Vertreibung der Mauren durch Jaume I., die am 12. September 1229 begonnen hat, wird alljährlich die „Diada de Mallorca", der „Große Tag" der Insel, gefeiert. Einer der Höhepunkte der Festivitäten in Palma ist der Umzug der „Giganten".

Seite 70/71:
Im Hintergrund Palma mit der mächtigen Kathedrale La Seu, davor eine „Kathedrale" des Bade-Tourismus: Der etwa sechs Kilometer lange Strand östlich der Stadt (Platja de Palma) reicht bis nach S'Arenal.

Linke Seite:
Auf rund 5000 Quadratmetern bietet das Museum „Es Baluard“ in Palma Platz für eine zum Teil hochkarätige Sammlung moderner und zeitgenössischer Arbeiten aus Spanien und dem Mittelmeerraum. Das Kunstzentrum befindet sich auf dem Gelände einer alten Befestigungsanlage.

Das Palau March in Palma zitiert zwar die Architektur des 16., wurde jedoch erst in den Vierzigerjahren des vergangenen Jahrhunderts seiner Bestimmung übergeben und dient heute als Museum und Konzertstätte.

Von der Südküste ins Herz der Insel

Obwohl die Bucht von Palma nicht gerade klein ist, steht den Gästen dort – rein rechnerisch – der wenigste Platz zur Verfügung. Dies gilt auch für S'Arenal, das östlichste der großen Touristenzentren im Süden Mallorcas. Das Gedränge am und im Wasser und die Dichte der Hotels, Restaurants und Diskotheken haben ihre Ursache in den breiten und scheinbar endlos langen Stränden aus feinstem Sand. Hinzu kommt das reiche Freizeitangebot, das Langeweile zu einem Fremdwort werden lässt und – sofern man das will – die Nacht zum Tag.

Je weiter man nach Osten kommt, desto weniger werden die Touristen. Doch allein ist man zwischen dem Cap Blanc und dem Cap Salines schon lange nicht mehr. Auch den berühmten Strand von Es Trenc, einst nur unter Insidern gehandelt, muss man inzwischen an den Sommerwochenenden mit Tausenden anderer Besucher teilen.

Eine Alternative dazu wäre ein Ausflug zum Parc National Isla Cabrera, Mallorcas einzigem Nationalpark. Auf den 19 winzigen Eilanden bekommt man viele, zum Teil seltene Vogelarten zu Gesicht. Und die Chancen, dass sich im Meer Wale und Delfine zeigen, stehen ebenfalls nicht schlecht.

Hochhäuser aus der Vorzeit

Die erste Besiedlung der Insel erfolgte vermutlich zwischen 5000 und 4000 vor Christi Geburt. Die sogenannten „Navetas", aus Steinen aufgerichtete Behausungen, sollen jedoch nicht von dieser Kultur, sondern von Seefahrern aus dem östlichen Mittelmeerraum stammen, die erst rund 2000 Jahre später anlandeten. Danach brauchte man noch einmal ein paar hundert Jahre, um – gemessen an den damaligen Verhältnissen – regelrechte Wolkenkratzer zu errichten.

Linke Seite:
Dass Es Trenc, wie die Werbestrategen verbreiten, zu den schönsten Stränden des Kontinents gehört, mag wohl wahr sein.

Die Diskothek „Oberbayern" zählt zu den größten und bekanntesten Vergnügungstempeln von S'Arenal. Natürlich muss man, um eingelassen zu werden, nicht unbedingt Bajuware sein.

Diese geheimnisvollen Türme, von denen etliche die Zeiten überdauert haben, sind nicht nur hoch, sondern auch ziemlich breit. Weshalb sich die Menschen der Talayot-Kultur so viel Mühe machten, steht in den Sternen. Ein Teil der Wissenschaftler hält die Türme für Verteidigungsanlagen, der andere für Kultstätten. Relativ sicher ist nur die Zeit ihrer Errichtung, nämlich ab circa 1400 vor Christi Geburt. Rund 400 Jahre später entstanden dann die ersten großen Megalith-Siedlungen, die vom Volksmund „claper des gegants" genannt werden – in freier deutscher Übersetzung „Steinerne Besitzung der Riesen".

Um sich ein Bild von der mallorquinischen Vorzeit zu machen, fahre man nach Capocorb Vell, wo – mit gleich fünf Türmen – die am besten erhaltene Talayot-Siedlung erhalten geblieben ist. Ursprünglich besaß diese auch eine Ringmauer. Doch deren Steine haben andere Verwendung gefunden. So auch für die Mauern der Kathedrale von Palma.

Im „eigentlichen Mallorca"

Es Pla, die nahezu 600 Quadratkilometer große fruchtbare Ebene in der Inselmitte, ist für die Einheimischen das „eigentliche Mallorca". Das heißt, ihr Gesicht und ihr Charakter haben sich im Laufe der Jahrhunderte am wenigsten verändert. In dem bis heute nur dünn besiedelten Gebiet dominiert die Landwirtschaft – und das, obwohl es keine Flüsse oder Bäche gibt und Regenwasser aufgefangen oder Grundwasser an die Oberfläche geholt werden muss. Früher mit Windmühlen, heute mit Elektropumpen.

In den Ortschaften geht es noch immer relativ beschaulich zu, eben mallorquinisch. Auch in dem hübschen Städtchen Sineu, das seine Existenz den Römern verdankt. Der bekannte Mittwochsmarkt dient nach wie vor zuvörderst der Versorgung der Einheimischen.

Höchster Berg der Ebene ist der Puig de Randa (542 Meter), der gleich drei Klöster trägt. Das Santuari de Gràcia datiert aus dem 16. Jahrhundert, das Santuari de Sant Honorat von 1394 – die Gebäude allerdings aus dem 17. Jahrhundert. Das Santuari de Cura, das älteste (13. Jahrhundert), ist zugleich auch das höchstgelegene und berühmteste. Es geht auf Ramon Llull (Raimundus Lullus) zurück, eine der schillerndsten Figuren des Mittelalters.

Der Troubadour und Lebemann, vor dem kein Frauenrock sicher war, wandelte sich später zum Paulus und schrieb in diesem, seinem zweiten, Leben rund 250 (!) Bücher und Abhandlungen, in denen er das Katalanische als Literatursprache etablierte. Dass er sich nicht nur als Theologe, sondern auch als Philosoph und Logiker verdient machte und sogar Arabisch lernte, mag vielleicht Gott gefallen haben, nicht aber der Kirche. Auf Grund der außerordentlichen Popularität, die er besaß, kam die zwar um seine Seligsprechung nicht herum, auf den Heiligenschein indes wartet er bis heute.

Linke Seite:
Vom 542 Meter hohen Klosterberg Puig de Randa, einst Wirkungsstätte des berühmten Theologen, Philosophen und Gelehrten Ramon Llull, bietet sich ein weiter Blick über die Ebene Es Pla.

Links:
Keine schlechte Idee, Mallorca mit dem Ballon zu erkunden. Die Region Es Pla gilt als Kornkammer der Insel. Darüber hinaus beliefert sie Einheimische und Besucher auch mit anderen landwirtschaftlichen Produkten.

Seite 78/79:
Inseln im Dialog. Ort: Die Küste bei Portals Nous (Illa d'en Salles). Die im Westen Mallorcas gelegene Ortschaft zählt rund 2500 Einwohner.

Der Yachthafen von Portals Nous gilt als Nobelmarina. Hier liegen die Schiffe des Geldadels vor Anker. Und für den standesgemäßen Landgang bedarf es natürlich auch entsprechender Luxuslimousinen.

Rechte Seite:
Das im Privatbesitz befindliche Castillo de Bendinat geht auf eine kleine Festung König Jaumes I. zurück, die jedoch im Laufe der Zeit verfiel. Sein heutiges Aussehen erhielt das Kastell Mitte des 19. Jahrhunderts.

Linke Seite:
An der Platja de S'Arenal stehen insgesamt 50 000 Betten den Gästen in den Hotels dieses fünf Kilometer langen Super-Sand-Strandes zur Verfügung.

Links:
Platja de Palma, Strandpromenade. Hier kann man Pferdekutschen mieten.

Seite 84/85:
An Wind mangelt es auf Mallorca nicht. Die Bewohner der Insel fangen ihn schon seit langem ein, um seine Kraft zur Energiegewinnung zu nutzen. Das heißt, nicht alle Windräder sind Staffage.

Seite 86/87:
Badestrand der Superlative: Es Trenc bei Colònia de Sant Jordi. Für Fortgeschrittene ist hier auch ein gutes Surfgebiet.

Rechts:
Die Salzgewinnung nahe der heutigen Ortschaft Colònia de Sant Jordi geht auf die Römer zurück. In den Salzgärten (Salines de Llevant) werden derzeit etwa 8000 Tonnen pro Jahr produziert.

Rechte Seite:
Die Leuchttürme an der Küste – hier am Cap de Ses Salines, dem südlichsten Sandstrand Mallorcas – weisen den vorüberfahrenden Schiffen den rechten Weg.

Die Insel Cabrera – hier der Hafen – lieferte dem vor der Südspitze Mallorcas gelegenen Archipel von insgesamt 19 Inselchen den Namen. Die „Ziegeninseln" sind als Nationalpark ausgewiesen. In der Saison werden sie von Colònia de Sant Jordi aus angefahren.

Rechte Seite:
Die Buchten auf Cabrera dienten einst Piraten als Versteck. Danach beanspruchten die Militärs das Eiland. Heute gehört es vor allem den Vögeln. So dem Fischadler oder der Korallenmöwe, deren Bestand auf Mallorca stark zurückgegangen ist.

marcabr

Linke Seite:
Abenteuer pur: Eine Fahrt mit dem Speedboat in den Gewässern um die „Ziegeninsel" lässt den Adrenalinspiegel steigen. Die von einem 500 PS starken Motor angetriebenen Renner bringen es auf eine Spitzengeschwindigkeit von 130 Stundenkilometern.

Links:
Als Kontrastprogramm zur Hochgeschwindigkeitsfahrt macht das Speedboat von „marcabrera.com" in der berühmten Blauen Grotte halt, wo sich die Fahrgäste romantischen Badefreuden hingeben können.

Seite 94/95:
Landschaft nahe Campos, einem freundlichen Städtchen im Hinterland der südlichen Küste, dessen Bewohner größtenteils von der Landwirtschaft leben. Die Windmühlen dienen der Stromerzeugung.

Linke Seite:
Auf dem 542 Meter hohen Puig de Randa gibt es gleich drei Klöster. Das Santuari de Gràcia, das am niedrigsten gelegene, datiert aus dem 15. Jahrhundert. Die Gebäude ducken sich unter einer hohen, überhängenden Felswand.

Krone des Puig de Randa ist das im 13. Jahrhundert gegründete Heiligtum von Cura, das eng mit Leben und Wirken Ramon Llulls verbunden ist. Die Statue im Kloster zeigt eben diesen.

Seit dem frühen 18. Jahrhundert stellen die Gordiolas in ihrer nahe Algaida gelegenen Manufaktur, der ältesten der Insel, kunstvolles Glas her. Man kann den Glasbläsern bei der Arbeit zuschauen. Außerdem wartet ein kleines, interessantes Museum.

Bei den Töpferwaren, die in den zur Gemeinde Marratxí gehörenden Dörfern gefertigt werden, handelt es sich in der Regel um traditionelle Handwerkskunst, die nicht nur schön ausschaut, sondern auch praktisch genutzt werden kann. Eine der bekanntesten Werkstätten ist die Ollería Ca'n Vent in Pòrtol.

Linke Seite:
Rund 300 Meter hoch ist der aus der Ebene Es Pla aufsteigende Puig de Bonany, der eine kleine Einsiedelei trägt, deren Gründung rund vier Jahrhunderte zurückreicht.

Die Kapelle der Ermita de Nostra Senyora de Bonany wurde 1604 fertig gestellt und später erweitert. Zu Beginn des 20. Jahrhunderts musste das alte Gotteshaus einem Neubau weichen.

Ballonfahrten über die Insel werden von März bis Oktober angeboten, zum Beispiel von „mallorcaballons.com". Sie dauern in der Regel eine halbe bis eine Stunde. Ausgangspunkt ist Manacor.

Rechte Seite:
Petra aus der Vogelperspektive: Das in der Ebene Es Pla, – also im Innern der Insel – gelegene Städtchen ist Geburtsort des Franziskanermönchs Junípero Serra, der in der Neuen Welt mehrere Missionsstationen gründete – darunter auch San Francisco.

EINE KÖNIGIN UNTER DEN BIEREN
Warsteiner
EC-JHB

MINERVA

Sineu, das geografische Zentrum Mallorcas, war schon den Römern und Mauren wichtig und ist auch heute durchaus sehenswert. Weithin berühmt ist der Markt, der jeden Mittwoch-Vormittag stattfindet und (fast) alles zu bieten hat, was das Herz begehrt sowie Auge und Gaumen erfreut. Eingeschlossen das liebe Vieh, das auf der ganzen Insel nur hier gehandelt wird.

Linke Seite:
Muro gehört zu jenen Ortschaften, in denen sowohl der Vorabend („Verhexte Nacht“) als auch der Tag des heiligen Antonius Abbas selbst (17. Januar) gefeiert werden. Wie es heißt, soll der Mann Teufeln und Dämonen gebieten können.

Auf dem Weg zur Tiersegnung in Muro. Da dem heiligen Antonius Abbas das Wohlergehen des lieben Viehs besonders am Herzen liegt, bekommen Nutztiere an seinem Ehrentag arbeitsfrei. Von seinem Schutzschirm profitieren aber auch andere Tiere.

Das Landgut Raixa geht auf die Mauren zurück. Die heutige Anlage – bestehend aus einem Palast und zwei italienischen Gärten – ließ Kardinal Despuig im 19. Jahrhundert errichten. Das Wasserbecken gehört zu den größten Reservoirs auf Mallorca.

Die Schafschur – hier auf einem Bauernhof in Biniagual nahe Inca – ist eine harte Arbeit, die viel Kraft erfordert. Setzen doch die Tiere dem „Haareschneiden“ erheblichen Widerstand entgegen.

Diese Doppelseite:
Christine Erdei und Llorenç Payeras produzieren seit 2007 auf dem Biohof Can Morey ihren auf Wochenmärkten, in Läden und Restaurants begehrten Käse. Und zwar 50 bis 80 Laibe pro Woche. Das Enzym für die Gerinnung der Milch wird aus einer Distel gewonnen.

Seite 114/115:
Die Konditorei „Delante" in Inca ist ein echter Besuchermagnet. Die Stadt gilt ansonsten als ein Zentrum des Schuh- und Lederhandwerks auf Mallorca. Die Geschichte der Schuhmacherzünfte reicht bis ins 13. Jahrhundert zurück.

Hierbas
PEÑASCAL

Lay's
Doritos
Ruffles
Trident
Häagen-Dazs
Häagen-Dazs
100% Perfecto
KOXKA

Seite 116/117:
Das im 17. Jahrhundert errichtete Herrenhaus Can Monroig in Inca dient der Künstlerin Marie-Noelle Ginard als Atelier und Galerie.

Diese Doppelseite:
Die Bodega Biniagual in Binissalem gibt es noch nicht allzu lange. 1999 pflanzte man auf einem Gelände, auf dem schon seit dem 13. Jahrhundert Weinbau nachgewiesen ist, Reben der Sorten Mantonegro, Syrah und Cabernet Sauvignon. Der erste Wein datiert von 2002.

Um den Hunger der vielen Besucher des Weinfestes in Binissalem zu stillen, gibt es jedes Jahr eine Riesen-Paella, bei deren Zubereitung es nicht nur der Kunst des Kochens, sondern auch der Kraft der Muskeln bedarf.

Rechte Seite:
Schließlich wird auch eine „Traubenschlacht" geschlagen. Wie immer man zu dieser Gaudi stehen mag – das Bewerfen mit den gerade geernteten Beeren zeitigt jedenfalls weniger Schäden als der Genuss einer vergleichbaren Menge Wein.

PAZ

Den gefährlichsten Job auf dem Weinfest in Binissalem haben zweifellos die „Castellers". Die menschlichen Pyramiden tauchten erstmals im 18. Jahrhundert in der katalonischen Stadt Valls auf.

Rechte Seite:
Zum Weinfest gehören auch Folkloredarbietungen. Die Akteure, die auf dem Dorfplatz von Binissalem das Publikum mit Liedern und Tänzen erfreuen, kommen aus den verschiedensten Regionen der Insel.

Auch im Städtchen Alaró feiert man in jedem Jahr zu Ehren des heiligen Antonius Abbas ein Fest, bei dem es hoch hergeht. Damit die Leute nicht hungern, wird praktischerweise gleich auf der Straße gegrillt.

Rechte Seite:
Die frechen Teufel und Dämonen, die sich in Alaró zum „Feuerlauf" treffen, mögen zwar für die vielen Gäste interessant sein, für den heiligen Antonius sind sie jedoch mit Arbeit verbunden: Muss er sie doch wieder vertreiben.

MARRANXA

Kräuterladen in Bunyola, einem rund 15 Kilometer nördlich der Inselhauptstadt am Fuße der Serra de Alfàbia gelegenen Städtchen, das etwas mehr als 6000 Einwohner zählt.

Rechte Seite:
Auf dem Bahnhof von Bunyola. Der „Rote Blitz“ (Ferrocarril de Sóller), die berühmte Schmalspurbahn, rattert und rumpelt seit 1912 auf der 28 Kilometer langen Strecke zwischen Palma und Sóller hin und her. Pro Jahr befördert sie etwa eine halbe Million Fahrgäste.

2
195

Dafür, dass er den christlichen König Jaume I. im Kampf gegen seine eigenen Glaubensgenossen unterstützte, erhielt der maurische Wesir Ben-Abet umfangreiche Ländereien geschenkt. Doch der Kollaborateur war auch Schöngeist: Er ließ die viel bewunderten Gärten von Alfàbia anlegen.

Zu den Jardins d'Alfàbia gehört ein repräsentatives Herrenhaus, das aus dem 14. und 16. Jahrhundert stammt und wertvolle alte Möbel und Bilder sowie zahlreiche andere Antiquitäten beherbergt.

Wanderers Lust – der Westen

Serra de Tramuntana heißt jener rund 90 Kilometer lange Gebirgszug, der den westlichen Teil der Insel prägt. Dort folgt eine atemberaubende Ansicht der anderen. Dazu gibt es jede Menge Bilderbuch-Ortschaften. Während es Deià vornehmlich den Künstlern beziehungsweise denen, die sich dafür halten, angetan hat, stehen Banyalbufar und Estellencs für jene berühmten Terrassengärten, mit denen die Mauren eine ebenso praktische wie sehenswerte Antwort auf die leidige Platzfrage gegeben haben. Die steinernen Mauern, die die Berge hinaufwachsen, erinnern an die Zuschauerränge antiker Theater. Mit dem Unterschied, dass der Aufwand hier nicht Menschen, sondern Pflanzen und Bäumen gilt.

Während Wanderer in dieser faszinierenden Bergwelt ausgesprochene Sternstunden erleben, leiden ängstliche Automobilisten auf den äußerst schmalen, serpentinenreichen Straßen Höllenqualen.

Armer Chopin

Nachdem bei ihrer Ankunft am 8. November 1838 noch die Sonne geschienen und Frédéric Chopin begeistert vom „grandiosen Leben" auf der Insel geschwärmt hatte, kam alles ganz anders. Von ihrem Vermieter, der von der schweren Schwindsucht des Gastes erfahren hatte und es mit der Angst zu tun bekam, kurzerhand an die Luft gesetzt, mussten sich der Komponist und seine Begleiterin, die emanzipierte Literatin George Sand, eine neue Bleibe suchen – was gar nicht so einfach war. So landeten sie schließlich im ehemaligen Kartäuserkloster („Sa Cartoixa") von Valldemossa.

Dort wurde Chopin eher noch kränker. Schuld daran trugen nicht nur das Wetter, sondern auch die spartanische Einrichtung der Zellen und massive Vorbehalte seitens der Einheimischen. George Sand hat später – unter dem Titel „Ein Winter auf Mallorca" – ein Buch

Linke Seite:
Auf der Straße von Deià nach Sóller erreicht man nach wenigen Kilometern Lluc Alcari. Der pittoreske Weiler geht ebenfalls auf einen maurischen Gutshof zurück.

Büste Frédéric Chopins vor der Kartause in Valldemossa. Der große Komponist verbrachte in dem wenige Jahre zuvor säkularisierten Kloster den Winter 1838/1839.

über ihren reichlich dreimonatigen Aufenthalt geschrieben. Dadurch wissen wir, dass sie und Chopin sowohl unter dem Regen, wie ebenso unter den Mallorquinern litten. Vor allem an ihr stießen sich die biederen und frommen Leute. Erstens war sie sichtlich älter als ihr Begleiter. Und zweitens gab sie sich wie ein Mannsbild. Rauchte Zigarren und trug Hosen. Und schämte sich nicht, ihren fünfzehnjährigen Sohn und ihre zehnjährige Tochter, die aus wer weiß was für welchen Verbindungen stammen mochten, dieser Mesalliance auszusetzen.

Da die Behörden der Insel sein geliebtes Klavier zurückhielten, musste sich Chopin beim Komponieren mit einem anderen begnügen, das diesen Namen nicht verdiente und ihm mindestens ebenso zu schaffen machte wie seine Krankheit. Entsprechend dürftig war denn auch der musikalische Ertrag dieser Zeit. Immerhin soll hier, was zu den Umständen des Aufenthaltes passen würde, das „Regentropfen-Prélude" entstanden sein.

Inzwischen haben die Mallorquiner längst ihren Frieden mit dem Paar gemacht. Zwei Zellen des klösterlichen Liebesnestes wurden zu einem Museum umfunktioniert. Es bestätigt das alte Wahrwort, dass sich Dramen besonders gut zu Geld machen lassen.

Ein bunter Vogel von Format

Rund drei Jahrzehnte nach obigem Fiasko setzte der habsburgische Erzherzog Ludwig Salvator seinen Fuß auf die Insel. Aus dieser ersten Begegnung mit der „Insel des Lichts" wurde eine lebenslange Liebe: Er richtete sich hier ein und blieb rund vier Jahrzehnte.

Unbestreitbares Paradestück seiner verschiedenen Besitzungen ist das nahe Valldemossa gelegene Son Marroig. Von einem üppigen Garten umgeben, thront

das prächtige Herrenhaus hoch über der Steilküste. Den Blick vom Balkon, inzwischen eines der bekanntesten Fotomotive der Insel, mochte der Erzherzog besonders. Schickte er doch von hier seine Sehnsüchte und Ideen übers Meer, um ihnen später hinterher zu reisen.

Da der fürstliche Aussteiger nicht nur reich an Finanzen, sondern auch an Geist war und überdies gut schreiben konnte, profitierten von ihm die Geografie und die Naturwissenschaften. So hinterließ er mehr als 70 Bücher und Publikationen. Darunter auch das sieben Bände umfassende Standardwerk „Die Balearen in Wort und Bild", das – in gekürzter Form – auf der Pariser Weltausstellung von 1899 mit einer Goldmedaille prämiert wurde.

Interessanterweise soll er beim Knüpfen zwischenmenschlicher Bande zu den Einheimischen ebenfalls Überdurchschnittliches geleistet haben. Obwohl er unverheiratet geblieben ist, betrachten ihn noch heute etliche Mallorquiner als ihren Vorfahren. Zumindest was die ausgeprägte Wertschätzung des weiblichen Geschlechts betrifft, hat Ludwig Salvator in dem Hollywood-Star Michael Douglas, dem jetzigen Besitzer seiner Villa S'Estanca, einen Nachfolger gefunden, der Kontinuität garantiert.

Linke Seite:
Als sich Erzherzog Ludwig Salvator die im Jahre 1276 von Ramon Llull gegründete Missionsschule zum Herrensitz „Monestir de Miramar" umbauen ließ, entstand auch – als künstliche Ruine – ein Flügel des alten Kreuzgangs wieder.

Im Zwiegespräch: Brunnen und Gotteshaus an der Plaça de Sa Constitució in Sóller. Die Fassade der auf einen romanischen Vorgängerbau zurückgehenden Pfarrkirche St. Bartomeu wurde 1904 im katalanischen Jugendstil (Modernisme) gestaltet.

Linke Seite:
Die Alternative zu den drei großen Badestränden von Peguera ist die rund zwei Kilometer westlich des Ortszentrums gelegene Cala Fornells. Einziger Nachteil der pittoresken Felsbucht: Der Strand bietet nicht allzu viel Platz.

Der Leuchtturm an der Einfahrt zum Hafen von Port d'Andratx weist sowohl den Booten der einheimischen Fischer als auch den Luxusyachten den Weg.

Auf die Herkunft vieler Residenten zielend, gilt das im 17. Jahrhundert gegründete Port d'Andratx als „Düsseldorfer Loch". In der Tat ist beim Bummel auf der Hafenpromenade oder bei der Einkehr in einem Restaurant das Rheinländische oft zu hören.

Rechte Seite:
Sonnenuntergang in der Bucht von Port d'Andratx. Die Abschiedszeremonie beginnt mit einem rotleuchtenden Feuerbrand und endet mit dem Grauschwarz der Nacht.

Linke Seite:
Landhaus bei Andratx. „Bevor du dich beweibst, / Sorg' selbst erst, wo du bleibst: / Haus, Weinberg, Feld und Garten … / Dann kannst du Glück erwarten …", heißt es in einem spanischen Sprichwort.

Ende Januar, Anfang Februar blühen auf Mallorca Millionen von Mandelbäumen. Das jungfräuliche Blütenmeer lockt vor allem Wanderer auf die Insel, die die Ruhe vor dem sommerlichen Besucheransturm zu schätzen wissen.

Linke Seite:
Eine Wanderung zu den Ruinen von Sa Trapa, einem ehemaligen Trapistenkloster, eröffnet immer neue fantastische Ausblicke auf die bizarre Küstenlinie. Die Insel Sa Dragonera, im Hintergrund, ist als Naturschutzgebiet ausgewiesen.

Sowohl der kleine Wasserfall als auch die Orangenbäume gehören zur wunderschönen Naturkulisse, die das nahe der Ortschaft Esporles gelegene Landgut „La Granja“ rahmt.

Das Landgut „La Granja" verdankt seine Existenz einer ergiebigen Quelle, die bereits von den Römern genutzt wurde. Der von den Mauren errichtete Bauernhof ging nach deren Vertreibung an die Zisterzienser und danach in Privatbesitz über. Heute ist das Anwesen ein privates Volkskundemuseum. Die Einrichtung des Herrenhauses stammt aus dem 18. und 19. Jahrhundert.

In dem Landgut „La Granja“ setzt man sowohl auf museale Bildung als auch auf interessante Events. Für Kinder dürften vor allem die Haustiere interessant sein. Auf die Eltern wiederum warten die Verköstigung einheimischer Spezialitäten sowie Auftritte von Folkloregruppen. Auch führen Handwerker ihre Gewerke vor – hier die Herstellung von Schmuck und geklöppelten Spitzen.

Linke Seite:
Der ein paar Kilometer nördlich von Estellencs gelegene „Turm der Seelen" (Torre de Ses Animes) verdankt seine Entstehung den Überfällen der Piraten: Er diente den Einwohnern als Ausguck.

Dieses kleine Paradies am Meer ist nicht himmlischen, sondern irdischen Ursprungs. Zu finden ein paar Kilometer von Banyalbufar entfernt, also im Nordwesten von Mallorca.

Port des Canonge ist nur über eine sehr schmale, serpentinenreiche Straße zu erreichen. In den von roten Felsen gerahmten kleinen Buchten geht es sehr ruhig zu. Allenfalls an den Wochenenden ist der Strand etwas belebter.

Rechte Seite:
Auf der Fahrt von Valldemossa nach Deiá lohnt sich ein kurzer Zwischenstopp am Mirador de Ses Piles. Sind doch dort die An- und Aussichten gleichermaßen fantastisch.

Linke Seite:
Blick auf Valldemossa mit der ehemaligen Kartause, in der Frédéric Chopin und George Sand den Winter 1838/39 verbrachten. Die Ortschaft selbst zählt nur etwa 500 Seelen. Dafür kommen um so mehr Besucher aus aller Welt.

Links:
Ältester Teil des Klosters ist der Palau del Rei Sanxo – hier der Innenhof. Wie der Name vermuten lässt, wurde er wohl während der Regierungszeit Sanxos I., also zu Beginn des 14. Jahrhunderts, errichtet. Sein heutiges Aussehen erhielt er nach 1500.

Seite 154/155:
Die Kartäusermönche legten Gärten an, die ihnen sowohl zur Nutznießung als auch zur Erbauung dienten. Außerdem gehört zu dem ehemaligen Kloster ein schöner Park.

Rechts:
Blick in die berühmte Zelle 4. Hier Erinnerungsstücke – Dokumente, Bilder, Briefe und Bücher – an George Sand, die sich als geistreiche Literatin einen Namen gemacht hat.

Ganz rechts:
Die Büste Chopins steht ebenfalls in Zelle 4. Im Gegensatz zur beschönigenden Darstellung des Bildhauers Joan Borrell Nicolau war der Mann während seines Aufenthaltes in Valldemossa schon schwer von der Schwindsucht gezeichnet.

Rechte Seite:
Vom ursprünglichen gotischen Gotteshaus der Kartäuser blieb kaum etwas erhalten. Die heutige Kirche wurde zu Beginn des 18. Jahrhunderts errichtet. Die Fresken in der Kuppel schuf übrigens ein Schwager von Francisco de Goya.

Linke Seite:
Das aus zwei alten Herrenhäusern bestehende Hotel „La Residencia" in Deià macht seinem Namen alle Ehre. Zählt es doch zu den nobelsten Unterkünften auf der Insel. Des Lobes wert sind nicht nur Lage, Ausstattung und Ausblick, sondern auch das Restaurant.

Den vielen Besuchern, die zu einem Tagesausflug in das Künstlerdorf Deià kommen, bleibt in der Regel keine Zeit zum Baden in der nahe gelegenen Bucht – der wohl schönsten an der gesamten Tramuntana-Küste.

Linke Seite:
Landhaus nahe dem „Monestir de Miramar". Nach den mittelalterlichen Mönchen wusste später auch der österreichische Erzherzog Ludwig Salvator dieses wundervolle Fleckchen Erde an der Westküste zu schätzen.

Links:
Blick von Son Marroig, dem Herrenhaus Ludwig Salvators, auf „La Foradada" („Die Durchlöcherte"), jener berühmten Landzunge, der die Natur ein großes Loch eingeprägt hat.

Seite 162/163:
Der aus weißem Marmor errichtete Pavillon im Park von Son Marroig bietet eine fantastische Aussicht auf die Küste und das Meer. Rechts im Bild das Herrenhaus.

Linke Seite:
Auf seinem 28 Kilometer langen Weg zwischen Sóller und Palma hat der „Rote Blitz“ sowohl eine ganze Reihe Berge zu überlisten – sprich: Tunnels zu durchfahren, als auch, auf Viadukten, viele Täler zu überwinden.

Die schönste Art, von Sóller nach Port de Sóller zu gelangen oder umgekehrt, ist die Fahrt mit der alten Straßenbahn – hier auf der Plaça de Sa Constitució. In der Saison kann man sich alle halbe Stunde auf diese nostalgische Art und Weise durchschütteln lassen.

Die Metzgerei „La Luna" in Sóller rühmt sich einer mehr als einhundertjährigen Tradition. Die bekannteste Spezialität des Familienunternehmens ist die Sobrassada de Mallorca, eine aus Schweinehackfleisch gefertigte Paprikawurst. Wer sich dafür interessiert, kann beim Einkauf auch die historische Einrichtung besichtigen.

Rechts:
Die Plaça de Sa Constitució, der Hauptplatz von Sóller, in abendlicher Illumination. Im Hintergrund die in ihrem Ursprung bis in das 13. Jahrhundert zurückreichende Pfarrkirche St. Bartomeu. Die jetzige Fassade datiert vom Beginn des 20. Jahrhunderts.

Rechte Seite:
In der Altstadt von Port de Sóller reiht sich ein Restaurant an das andere. Die bekannte Faustregel, dass jene, in denen die Einheimischen einkehren, am besten sind, hat auch hier ihre Gültigkeit.

Seite 170/171:
Port de Sóller hat sich längst vom Hauptort abgenabelt und verweist stolz auf seine Eigenständigkeit. In der von Bergen geschützten Bucht mit dem schönen Sandstrand ankern nicht nur Sportboote, sondern auch Luxusyachten und Ausflugsschiffe.

EL PIRATA
BAR RESTAURANTE ES RACO

ESCOLA D'ESPORTS NAUTICS
609 35 41 32
WWW.NAUTICSOLLER.COM

Linke Seite:
Alte Olivenbäume säumen den Weg zur Finca Balitx d'Avall, einem nahe Sóller gelegenen Bauernhof aus dem 17. Jahrhundert, der zu einer noblen Herberge ausgebaut wurde.

Bilder links:
Das ländliche Mallorca ist gar nicht so weit von den touristischen Zentren entfernt, wie es vielleicht den Anschein hat. Vor allem Schafe, aber auch Esel und Truthühner begegnen einem recht häufig. Und Eidechsen natürlich auch.

Seite 174/175:
Die Finca Balitx d'Avall wurde mit viel Sinn fürs Schöne zum Hotel umgestaltet. Die Einrichtung verbindet rustikales Ambiente und höchsten Komfort.

Linke Seite:
Trotz der abgelegenen Lage der Finca Balitx d'Avall bedurfte es eines dicken steinernen Turmes, um vor allem das Leben, aber auch Hab und Gut der einstigen Bewohner zu schützen.

Landhaus bei Biniaraix, einem nahe Sóller gelegenen – zu Fuß braucht man von dort etwa 20 Minuten – kleinen Dorf, das von Zitronen- und Orangenhainen umgeben ist.

Traumlage direkt am Meer: Das nicht weit von Deià entfernte repräsentative Vier-Sterne-Hotel „Costa d'Or" (Lluc Alcari) ging aus einem maurischen Gutshof hervor.

Fornalutx erhielt zweimal die Auszeichnung als schönstes Dorf Spaniens. Die sich eng aneinanderschmiegenden ockerfarbenen Häuser, die zwischen 300 und 400 Jahre alt sind, wurden liebevoll und aufwändig restauriert. Auf der Plaça Major sitzt man gemütlich unter alten Bäumen (links).

Nicht nur Badeparadies – der Norden und der Osten

Das inmitten einer schroffen Berglandschaft gelegene Kloster Lluc ist sowohl eine der meistbesuchten Sehenswürdigkeiten als auch idealer Ausgangspunkt für die Erkundung des nordwestlichen Teils der Insel. Während die Gebäude überwiegend aus dem 17. und 18. Jahrhundert datieren, soll die Figur von La Moreneta, der dunkelhäutigen Madonna, aus dem 13. Jahrhundert stammen. Die Legende weiß, dass sie zunächst mit einem zum Christentum konvertierten arabischen Hirtenjungen beziehungsweise dem Priester von Escorca Verstecken spielte, bis man begriff, was sie wollte, nämlich einen neuen, großen Wallfahrtsort. Aus heutiger Sicht ist zu sagen, dass sich ihr Aufwand gelohnt hat. Lluc wurde zum Zentrum der Marienverehrung auf Mallorca und, im August und September, das Ziel großer Wallfahrten.

Ausgerechnet in der Umgebung dieser heiligen Stätte hat der berühmte französische Grafiker Gustave Doré nach Inspiration und Motiven für seine Illustrationen zu Dantes „Göttlicher Komödie", Abteilung Fegefeuer gesucht – und gefunden. So geschehen im Jahre 1832. Doch aller Wahrscheinlichkeit nach hat er die spektakulärste Inszenierung der Natur gar nicht gesehen. Ist doch die Begehung des Torrent de Pareis, nach der Samaria auf Kreta die zweitgrößte Erosionsschlucht im Mittelmeerraum, kein Spaziergang, sondern ein ziemlich schwieriges, ja gefährliches Unternehmen.

Von Pollentia nach Pollença

Das Cap de Formentor ist nicht nur der nördlichste Punkt Mallorcas, sondern auch einer der beeindruckendsten. Die besten Aussichts-Plätze für die spektakuläre Vermählung von Land, Wasser und Himmel gibt es allerdings schon bei der Anfahrt über die namensgebende

Linke Seite:
Segeltörn am Cap de Formentor. Die viel besuchte Halbinsel, der am weitesten im Norden gelegene Teil Mallorcas, kann sich einer ursprünglichen Naturlandschaft rühmen.

Die sogenannte „Römerbrücke" gehört zu den vielen Sehenswürdigkeiten von Polença. Ob die alte Flussüberquerung wirklich aus der Antike stammt, ist jedoch umstritten.

Halbinsel. Hier, auf halbem Wege, findet sich auch jenes berühmte Luxushotel, das seit 1929 viele Große und Reiche dieser Welt zu seinen Gästen zählt. Danach wird die Straße immer schmaler, verschwindet kurz in einem Tunnel und endet schließlich am Kap, wo es einen Leuchtturm sowie eine Bar gibt.

Die in weiten Teilen unter Naturschutz gestellte Halbinsel La Victòria trennt die Buchten von Alcúdia und Pollença. Letztere wurde nach der alten römischen Inselhauptstadt benannt, die als Ruinenstätte erhalten geblieben ist. Allerdings nicht, wie auf Grund des Namens vermutet werden könnte, als Vorläuferin Pollenças, sondern des Nachbarstädtchens Alcúdia. Der Vorzeigeort des Inselnordens (10 000 Einwohner), der zur Gänze unter Denkmalschutz steht, kann sich mit dem kleinen Amphitheater nicht nur einer zweiten bemerkenswerten antiken Hinterlassenschaft, sondern auch einer fast vollständig erhaltenen mittelalterlichen Befestigungsmauer rühmen. Und er besitzt eine der wenigen Stierkampfarenen, die es auf der Insel gibt. Blut fließt hier allerdings nur noch zu Ehren des Stadtpatrons Sant Jaume, dessen mehrtägiges Fest in der Zeit um den 25. Juli begangen wird.

Kontraste

Die größte Feriensiedlung an der Ostküste heißt Cala Millor, die Konkurrenz Cala d'Or. Obwohl beide sozusagen über Nacht aus dem Boden gestampft wurden, ist der Unterschied recht groß. Während der Strand von Cala Millor rund zwei Kilometer lang und an manchen Stellen auch relativ breit ist, verteilt er sich in Cala d'Or auf eine Handvoll idyllischer Buchten, in denen sich Schwimmer und Schnorchler gleichermaßen zu Hause fühlen. Und die für die Bebauung zuständigen Architekten haben bei der „Goldbucht" den Beweis geliefert, dass auch ein mitten in eine unbesiedelte Landschaft gebautes Ferienzentrum ohne historischen Kern nicht unbedingt einer gewissen Atmosphäre zu entbehren braucht.

Beispiel für die gelungene Synthese zwischen dem ursprünglichen und dem touristischen Mallorca ist Cala Figuera. Dem Fischerdorf ist das Kunststück gelungen, zum Ferienort zu werden, ohne dafür allzu viel von seinem Charakter opfern zu müssen. Der Hafen ist noch Hafen und keine Marina. Einen schöneren gibt es nirgendwo sonst auf der Insel. Die Gäste, von denen es viele immer wieder hierher zieht, wissen die Authentizität des Ortes zu schätzen. Und sie nehmen auch gern den etwas längeren Weg beziehungsweise die Anfahrt zu den kleinen Badebuchten in Kauf, deren beliebteste Caló d'es Moro und Cala S'Amonia heißen.

Linke Seite:
Sie ist nicht ganz leicht zu finden. Doch die Suche lohnt sich. Entpuppt sich doch die Cala S'Amonia als Märchenbucht, in der Baden zum romantischen Erlebnis wird.

Die der Schmerzensmutter geweihte neugotische Pfarrkirche in Manacor, Mallorcas zweitgrößter Stadt, wurde Ende des 19. Jahrhunderts errichtet. Der Glockenturm misst 80 Meter. Höher ist kein anderes Gebäude auf der Insel.

P

Linke Seite:
Dem Ingenieur Paretti, so das Gerücht, sei die Idee für die ausgefallene Streckenführung nach Sa Calobra beim Binden seiner Krawatte gekommen. So brauchte er für die Überwindung des Höhenunterschiedes von rund 800 Metern zwischen dem Pass und dem Meer nur zwölf Kilometer Straße.

Der Torrent de Pareis zählt zu den beeindruckendsten Natur-Kunstwerken auf Mallorca. Über den Blick von den Ausflugsschiffen hinaus bekommt man erst dann eine Vorstellung von der Größe der Schlucht, wenn man ein Stück hineinläuft.

Linke Seite:
Das Monestir de Lluc ist die größte und wichtigste Wallfahrtsstätte auf der Insel. Wie die Gründungslegende berichtet, fand hier – in der wilden Berglandschaft der Serra de Tramuntana – ein zum Christentum bekehrter maurischer Hirtenjunge eine Madonnenfigur, die auf geheimnisvolle Weise immer wieder an ihren Fundort zurückkehrte.

Links:
Spanien ist der weltweit größte Olivenproduzent. Angebaut werden etwa 200 Sorten der zu den ältesten Kulturpflanzen zählenden Steinfrucht. Mit zunehmendem Alter werden die Bäume immer knorriger.

Seite 190/191:
Das Vall d'en March nahe Pollença: Karst soweit das Auge reicht. Und Wasser ist in diesem Teil der Serra de Tramuntana eine ausgesprochene Mangelware.

Wer seinen Urlaub nicht in den großen Feriensiedlungen am Meer verbringen möchte, sondern Ruhe, gepflegtes Ambiente und den Kontakt mit den Einheimischen sucht, ist in einer Finca – wie hier in Son Cladera – gut aufgehoben.

Linke Seite:
Um auf der Via Crucis auf den 113 Meter hohen Kalvarienberg in Pollença zu gelangen, bedarf es einiger Anstrengung. Zählt doch die Treppe genau 365 Stufen.

Links:
Im Gegensatz zu den Pilgern und Touristen, die sich den Kalvarienberg hinaufmühen müssen, kann sich diese Katze den Aufstieg ersparen: Sie wohnt hier oben.

Seite 196/197:
Die Plaça Major in Pollença zu abendlicher Stunde. Das 12 000 Einwohner zählende Städtchen, dessen Bebauung vornehmlich aus dem 17. und 18. Jahrhundert datiert, ist vielen Künstlern zur Wahlheimat geworden.

GELATS VALLE

JUMA HOTEL
CA NOLESA

Die Natur hat es mit der nördlich von Pollença gelegenen Ortschaft Cala Sant Vicenç ausgesprochen gut gemeint. Besitzt sie doch gleich mehrere idyllische Badebuchten inmitten einer wunderschönen Umgebung.

Linke Seite:
Von der Talaia d'Albercutx, einem der zahlreichen alten Wachtürme an der Küste von Mallorca, bietet sich ein fantastischer Ausblick über die Halbinsel Formentor und das Meer.

Links:
Auf dem Weg zum Cap de Formentor. Der in schwindelerregender Höhe über dem Meer gelegene Mirador de Mal Pas besitzt gleich mehrere spektakuläre Aussichtsplattformen.

Seite 202/203:
Blick auf das Cap de Formentor. Außer dem Leuchtturm gibt es auch eine Bar. Besonders spektakulär: Sonnenuntergang beziehungsweise Sonnenaufgang.

Linke Seite:
Die an der Südküste der gleichnamigen Halbinsel gelegene Platja de Formentor gehört zu den schönsten natürlichen Badelandschaften auf Mallorca. Der feine Sandstrand ist etwa einen Kilometer lang und durchschnittlich zwölf Meter breit.

Viel Widerstand wird diese Sandburg am Strand von Port de Pollença den Wellen nicht entgegensetzen können, aber sie ist ja nicht für die Ewigkeit gedacht.

RPM
14

Linke Seite:
Kitesurfer in der Bucht von Pollença. Das Segeln mit den Lenkdrachen gehört zu jenen relativ jungen Trendsportarten, die sich immer größerer Beliebtheit erfreuen.

Der Yachthafen trennt den Strand von Port de Pollença in zwei Hälften. Das Städtchen selbst wurde bereits in den Dreißigerjahren des vergangenen Jahrhunderts von Engländern entdeckt und wuchs seitdem zu einem ausgesprochen niveauvollen Ferienort.

Der Parc natural de s'Albufera de Mallorca, ein verlandeter See an der Badia d'Alcúdia, Mallorcas größter Bucht, die im Nordwesten vom Cap d'es Pinar (Halbinsel La Victòria) und im Südosten vom Kap de Farrutx begrenzt wird, ist rund 1650 Hektar groß. In dem Naturschutzgebiet kann man besonders gut Vögel beobachten.

Linke Seite:
Der Wanderpfad zum Mirador Penya Rotja führt an steilen, zum Teil ungesicherten Felswänden entlang. Das heißt, man sollte einigermaßen trittsicher und schwindelfrei sein.

Blick vom Mirador Penya Rotja mit den Resten eines alten Wachturms auf die Bucht von Pollença. An guten Tagen kann man sogar über das Meer bis nach Menorca schauen.

Seite 212/213:
König Jaume II. begann Ende des 13. Jahrhunderts mit dem Bau des Befestigungsringes um Alcúdia. Die Mauern und Tore, die das rund 20 000 Einwohner zählende Städtchen gürten, wurden aufwändig restauriert.

Rechts:
Blickfang der Plaça de Sa Constitució von Alcúdia ist das historische Rathaus. Die Uhr auf dem kleinen Turm zeigt jedermann an, was die Stunde geschlagen hat.

Rechte Seite:
Alcúdia ist nicht nur sehr alt, sondern auch wunderschön. Es steht komplett unter Denkmalschutz. Dementsprechend groß ist der Besucherandrang. Doch abends haben die Einheimischen ihren Ort wieder fast ganz für sich allein.

Linke Seite:
Die über dem Meer gelegene Necrópolis Son Real, eine der bedeutendsten prähistorischen Sehenswürdigkeiten auf Mallorca, umfasst über hundert Gräber. Die ältesten wurden vor über 2500 Jahren errichtet.

Links:
Die Mauern, die die Talayot-Siedlung Ses Païsses nahe Artà teilweise noch heute umgeben, sind über drei Meter hoch. Sie wurden aus riesigen Steinblöcken errichtet. Die geheimnisumwitterten zyklopischen Bauten sollen noch wesentlich älter als die Nekropole Son Real sein.

Seite 218/219:
Die etwa 500 Meter lange Sandbucht Cala Mesquida kann sich der größten und schönsten Dünen der Insel rühmen und ist als Naturschutzgebiet ausgewiesen.

In der Umgebung von Cala Ratjada finden sich gleich mehrere schöne kleine Badebuchten. Die Cala Moltó (linke Seite) ist nur durch eine schmale Halbinsel von der Cala Agulla (links) getrennt.

Landschaft nahe der Ermita de Betlém. Das nördlich des namensgebenden Städtchens Artà gelegene Bergmassiv gehört zu den abgelegensten und folglich auch ursprünglichsten Regionen der Insel.

Rechte Seite:
Die Festung in Capdepera ist die größte auf Mallorca. König Jaume II. ließ vor 700 Jahren den maurischen Vorgängerbau ausbauen. Die Burgkapelle soll eine wundertätige Marienstatue beherbergen.

Das 6000 Einwohner zählende Städtchen Artà schmiegt sich malerisch an einen Hügel. Links die Gemeindekirche Transfiguració del Senyor. Oben die Wallfahrtskirche Sant Salvador.

An den Straßen und Gassen des historischen Stadtkerns von Artà stehen viele schöne Häuser Spalier. Hier kann man nicht nur flanieren, sondern auch gut einkehren.

Rechte Seite:

Blick von der Wallfahrtskirche Sant Salvador auf Artà. Das ursprünglich barocke Gotteshaus, das zwei bekannte Gemälde – „Die Steinigung des Ramon Llull" und „Die Übergabe Mallorcas durch den maurischen Heerführer an König Jaume I." – beherbergt, erhielt im 19. Jahrhundert sein heutiges Aussehen.

SE ALQUILA
CASA DE CAMPO
(ARTÁ)
Tel. 638.04.40.51
POR UNA CESTA
COMPRADA
UN BOLSO
DE REGALO
DURCH DEN ERWERB
EINES KORBES GEBEN
WIR IHNEN EINEN
EXTRA BEUTEL GRATIS.
MALLORCA
TRIATHLON

Dienstags wird in Artà ein großer Wochenmarkt abgehalten. An den Ständen um die Plaça del Conqueridor bieten Bauern, Handwerker und Händler ihre Waren feil. Und zwar über den üblichen Kitsch hinaus auch wirklich Empfehlenswertes.

Da die Cala Varques nicht ganz leicht zu erreichen ist, geht es hier wesentlich ruhiger zu als in den anderen südlich von Porto Cristo gelegenen Buchten, deren Strände im Sommer oft überlaufen sind.

Da die Verantwortlichen von Porto Cristo, einem Städtchen in der Bucht von Manacor, den touristischen Ausbau mit Augenmaß und Verantwortung betrieben haben, konnte der Ort seinen Charakter weitgehend bewahren.

Rechte Seite:
Die Coves del Drac sind eine Attraktion ersten Ranges. Als Erzherzog Ludwig Salvator Ende des 19. Jahrhunderts die nahe Porto Cristo gelegenen Tropfsteinhöhlen erforschen ließ, stießen die Wissenschaftler auf eines der größten Höhlensysteme Europas.

Das große Frühlingsfest („Fires i Festes de Primavera“) in Manacor blickt mittlerweile auf eine über zwanzigjährige Tradition zurück. Alljährlich Ende Mai/Anfang Juni gibt es neben einer Industrie- und Handwerksmesse eine ganze Reihe von Veranstaltungen, die Einheimische und Touristen gleichermaßen ansprechen. Dabei haben neben den „Giganten“ auch die Kleinen ihren großen Auftritt.

Linke Seite:
Die auf einem rund 500 Meter hohen Berg nahe Felanitx gelegene Ermita de Sant Salvador, ein wichtiger Wallfahrtsort, datiert aus der Mitte des 14. Jahrhunderts. Das monumentale Steinkreuz wurde im Jahre 1957 aufgerichtet.

Nachdem bereits die Römer den Hügel mit einem Turm bewehrt hatten, erbauten die Mauren eine Festung, die lange der Belagerung durch die Christen widerstand. Heute präsentiert sich das nahe Felanitx gelegene Castell de Santueri als romantische Ruine.

Linke Seite:
Die dem heiligen Michael geweihte Pfarrkirche in Felanitx zählt zu den schönsten Sakralbauten auf Mallorca. Das in warmen, goldenen Farben leuchtende Gotteshaus ersetzte im 18. Jahrhundert die alte Kirche.

Links:
An der Plaça Major in Santanyí. Das verschlafene Städtchen ist Verwaltungssitz aller zwischen Cala d'Or und der Südspitze der Insel gelegenen Ferienorte.

Seite 240/241:
Der Strand in der Cala Sa Nau bei Porto Colom ist feinsandig, das Wasser glasklar. Das hat sich nicht nur bei den Badegästen, sondern auch bei den Tauchsportlern herumgesprochen.

BACCO

Linke Seite:
Dafür, dass die zwischen der Cala d'Or und Santanyí gelegene Ortschaft S'Alqueria Blanca nicht einmal 1000 Einwohner zählt, ist der Dorfplatz recht groß und ansehnlich.

Links:
Im Vergleich zu dem großen Urlauberzentrum Cala d'Or geht es in Porto Pedro sehr beschaulich zu. Doch der Nachbar expandiert immer mehr. Die Gefahr, dass er Porto Pedro erdrückt, ist groß.

Seite 244/245:
Inbegriff eines ursprünglichen mallorquinischen Badeplatzes: Die Caló des Moro bei Santanyí. Der Sandstrand ist nur 40 Meter lang und 15 Meter breit.

Seit dem Jahre 1992 sind die Kiefernwälder, Dünen und Buchten um Mondragó – links die Caló d'es Burgit, rechts die Cala S'Amarador – unter Schutz gestellt. Der Parc natural de Mondragó ist knapp 800 Hektar groß.

Seite 248/249:
Im Hafen von Cala Figuera. Da die nächsten Strände relativ weit entfernt liegen, blieb das kleine sympathische Fischerdorf vom Einfall der Massen weitgehend verschont.

„El Pontas“ bei Santanyí. Da die Felsbrücke nicht von Menschenhand, sondern von der Natur, erschaffen wurde, muss sie auch keine Straße auf ihrem Rücken tragen, sondern nur den Attacken des Meeres widerstehen.

Mittelmeer
Serra de Tramuntana
Es Pla
Serra de Llevant
Serres
Cap Formentor
Isla Colomer
Cala Sant Vicenç
Formentor
Punta Beca
Port de Pollença
Badía de Pollença
Cap del Pinar
Pollença
Ermita de la Victoria
Convento de Santo Domingo
Mal Pas
Cap de Menorca
Mortitxet
Alcúdia
Hidroparc
Port d'Alcúdia
Sa Calobra
Santuari de Lluc
Cova de Sant Martí
Cala Tuent
Puig de Macanella 1.348 m
Oratorio Sant Miquel
Coves de Campanet
Son Claderas
Badía de Alcúdia
Cap de Ferrutx
Puig Major 1.445 m
Parc Natural de S'Albufera
Can Picafort
Port de Sóller
Fornalutx
Campanet
Cala Mesquida
Cap des Freu
l'Horta
Caimari
Sa Pobla
Colònia de Sant Pere
Betlem
Sóller
Moscari
Cala Rajada
Biniaraix
Necropolis de Son Real
Punta de Capdepera
Selva
Son Serra de Marina
Capdepera
Son Marroig
Puig dés Teix 1.062 m
Muro
Son Moll
Mansión de Miramar
Deià
Orient
Ermita Santa Magdalena
Museu de Mallorca
Son Morell
Artà
Castillo de Alaró
Lloseta
Inca
Ermita de la Trinitat
Santa Margalida
Ses Paisses
Port de Valldemossa
Jardines d'Alfàbia
Alaró
Llubi
Cove de Artá
Valldemossa
Aqualandia
Son Figuera
Bunyola
María de la Salut
Costa de Canyamel
Port des Canonge
Binissalem
Costa dels Pins
Banyalbufar
Consell
Talaiot de Son Fred
Costitx
Cap des Pinar
Port Nou
Esporles
Palmanyola
Ariany
Son Servera
Santa María del Camí
Sineu
Port Verd
Ermita de Maristella
Sencelles
Sant Llorenç des Cardassar
Cala Bona
Estellencs
S'Esglèieta
Biniali
Cala Millor
Lloret de Vistalegre
Petra
Mirador de Ricardo Roca
Santa Eugenia
Safari Zoo
Punta de N'Amer
Puigpunyent
Establiments
Son Sardina
Marratxí
Santuari de Nostra Senyora de Bonany
Sant Joan
Esclop 927 m
Sa Coma
Galilea
Pina
Cala Moreia
Son Berga
S'Indioteria
Manacor
S'Illot
Poblat Talaiòtic Son Fornés
Isla Dragonera
Son Vida
Montuïri
Villafranca de Bonany
PALMA de Mallorca
Son Ferriol
Hornos Gordiola
Casa Blanca
Coves dels Hams
Portocristo
Andratx
Capdellà
Ermita de Sant Miquel
PN Sa Dragonera
Algaida
Cove del Drac
Castel de Bellver
Sant Jordi
Sant Elm
Calvià
El Molinar
Portocristo Novo
Cala Major
Camp de Mar
Santuari de Nostra Senyora de Cura
Coll d'en Rebassa
Randa
Son Forteza Vey
Castel Bendinat
Illetes
Can Pastilla
Peguera
Porreres
Port d' Andratx
Exotic Parc
Portals Nous
San Francisco
Cap de sa Mola
Santuari de Nostra Senyora de Gràcia
Santuari de Monti-sion
Cala Magraner
Costa de Sa Calma
Las Maravillas
Palmanova
Badía de Palma
S'Arenal
Cales de Mallorca
Cala Antena
Cap des Llamb
Talaiot
Llucmajor
Felanitx
Santa Ponça
Magaluf
Cala Domingos
Cala Blava
Castell de Santueri
Cala Murada
El Toro
Portals Vells
Cap de Cala Figuera
La Moreria
Campos
Portocolom
Sa Punta
Cala Marçal
Badía Gran
Punta de ses Crestes
Calonge
S'Alqueria Blanca
Cala Ferrera
Capocorp
Capocorp Vell
Cala d'Or
Portopetro
S'Estanyol de Migjorn
Sa Ràpita
Santanyí
Cala Mondragó
Cala Pi
Vallgornera
Botanicactus
Cap Blanc
Ensenada de Sa Ràpita
Ses Salines
Llombards
Cala Figuera
Cala Santanyí
Colònia de Sant Jordi
Sa Vall
Cala Llombards
Cap de ses Salines
10 km

Impressum

Buchgestaltung:
SILBERWALD – Agentur für visuelle Kommunikation, Würzburg
www.silberwald.biz

Karte:
Fischer Kartografie, Aichach

Printed in Germany

Repro und Layout:
Artilitho snc, Lavis -Trento, Italien
www.artilitho.com

Druck und Verarbeitung:
Offizin Andersen Nexö, Leipzig
www.oan.de

ISBN 978-3-8035-2015-9

Weitere Bücher finden Sie unter:
www.verlagshaus.com

Jürgen Richter lebt in München und auf Gran Canaria. Seine Bilder sind in zahlreichen Bildreportagen, Büchern und Kalendern veröffentlicht. Er gilt als einer der führenden Reisefotografen für Südeuropa, insbesondere Spanien, Toskana und Provence. Im Verlagshaus Würzburg sind von Jürgen Richter Bildbände und Kalender unter anderem zu den Themen Andalusien, Kanarische Inseln und Toskana erschienen.

Ernst-Otto Luthardt, Studium der Germanistik und Geschichte, Dr. Phil., lebt in Franken. Außer zahlreichen Erzählungen sowie kulturhistorischen Abhandlungen schrieb er die Texte zu inzwischen über 50 Reisebildbänden. Ernst-Otto Luthardt organisiert und leitet exklusive Autoren-Reisen nach Rumänien, Bulgarien, Polen, Ungarn, Finnland und Island, die besonders – den Spuren seiner Bücher folgend – durch die Begegnung mit bekannten Persönlichkeiten aus Kunst, Kultur und dem öffentlichen Leben geprägt sind.

Danksagung von Jürgen Richter:
Besonderer Dank an Charlotte Miller von „Fomento del Turismo de Mallorca". Ihre Hilfe hat dieses Buch in vieler Hinsicht bereichert. An Ricardo Aracil von www.mallorcaballons.com ein herzliches „Danke" für die Fahrt durch die Lüfte, an Tomás von www.marcabrera.com für die Unterstützung zu Wasser. An Land geht Dank an Doña Isabel für den herzlichen Empfang auf Son Marroig und Miramar, an Herrn Quetglas für die Fotos in Celda 4 in Valldemossa, an Marie Nöelle Ginard für die Bilder vom Künstlerhaus Can Monroig in Inca. Kulinarische Köstlichkeiten präsentierten Miquel im Forn de Sa Pelleteria in Palma, Llorenç von Can Morey bei Inca, Maria und Tomeu von La Luna in Soller und die Bodega Biniagual. Moltes gràcies. Nathalia Seoane vom Hotel Tryp Bellver „danke" für den Blick auf Palma, an Elvira und Joana vom Landhotel Balitx d´Avall für ihre Gastfreundschaft.

Umschlag vorne:
Fast wie im Paradies: die von bizarren Felsen gerahmte Caló des Moro.

Umschlag hinten:
Bougainvillea am Kalvarienberg in Pollença.